Recherches
sur l'Écriture Cunéiforme
du système Assyrien.

Inscriptions des Achéménides.
3ᵉ Mémoire.

Après avoir longuement discuté les textes cunéiformes classés par les Philologues sous le nom d'inscriptions Médiques, nous allons essayer d'aborder l'Écriture du 3ᵉ Système employée sur les monuments des Souverains Achéménides. Cette écriture est certainement l'image de la langue Assyrienne. Les merveilleuses découvertes de MM. Botta et Layard ne peuvent laisser subsister aucun doute à cet égard, et nous sommes aujourd'hui en possession d'un si grand nombre de textes à déchiffrer, qu'il y a un véritable intérêt à aborder résolument ce problème difficile, ne dût on résoudre après des années d'études obstinées qu'une partie minime des questions de toutes sortes qui s'y rattachent.

Le premier de tous, Mʳ Isidore Löwenstern, a publié un travail considérable sur la matière, et il a signalé d'une manière précise l'existence d'un système très développé d'homophonie qu'il avait reconnu dans l'écriture Assyrienne. De son côté, Mʳ Botta, dès le début de ses recherches sur cette écriture, avait constaté la présence de signes homophones dans toute l'acception du mot. Je ne parlerai pas ici des essais de déchiffrements plus ou moins heureux que j'ai successivement publiés; ils sont de trop peu d'importance. Quant au mémoire de Mʳ Rawlinson, en ce qui concerne l'écriture assyrienne, il ne révèle aucun fait nouveau, et le savant consul de Baghdad a gardé par devers lui et pour lui seul les lumières que lui ont fourni les textes de Bisitoun. Nous allons donc nous efforcer de faire quelques pas en avant dans cette voie difficile et pour marcher avec plus de sûreté nous procéderons, comme nous l'avons fait jusqu'ici, du connu à l'inconnu, ou mieux du simple au composé. À ce point de vue, nous devrons évidemment commencer par les textes trilingues dont nous possédons indubitablement le sens, c'est ce que nous avons fait. Dans ce mémoire comme dans notre premier travail sur les inscriptions du système médique, nous ne nous occuperons que de l'analyse des deux inscriptions du mont Elvend, sauf à traiter in extenso dans un mémoire suivant toutes les autres inscriptions assyriennes des Achéménides, publiées jusqu'à ce jour.

Trois copies différentes des inscriptions de l'Elvend sont entre nos mains, ce sont: 1°. Celle qui a été retrouvée dans les papiers de Schulz et qui a été publiée par les soins de la société asiatique; 2°. Celle qui a été recueillie et gravée par MM. Coste et Flandin; 3°. Enfin celle qui a été prise par Mr. Texier.

Nous allons commencer par celui des deux textes qui est le plus ancien, c'est-à-dire par l'inscription de gauche qui concerne Darius fils d'Hystaspes.

Avant tout rappelons-nous la teneur de l'inscription Persane correspondante. Je ne reproduirai pas ici la transcription de ce texte et je me bornerai à en mentionner la traduction.

La voici littéralement:

« C'est un grand Dieu qu'Ormuzd qui a donné (pour créé) ce monde, qui a
« donné ce Ciel, qui a donné le mortel, qui a donné la fortune? ou la vie? du mortel,
« qui a fait Darius Roi, seul Roi de la multitude, seul Empereur de la multitude,
« Je suis Darius, Roi grand, Roi des Rois, Roi des contrées qui contiennent beaucoup
« de nations, Roi de ce monde immense, et son soutien, fils d'Hystaspes, Achéménide. »

Tel est nécessairement le sens que nous devons retrouver dans le texte Assyrien.

Indépendamment de toute espèce d'analyse grammaticale, il est facile de décomposer ce texte en petites phrases correspondant entre des limites certaines aux divers membres de phrases qui constituent le texte Persan. Je me dispenserai d'entrer dans des détails parfaitement inutiles d'ailleurs sur la marche de cette opération que tout le monde, avec un peu d'attention, mènerait promptement à bonne fin. Je suppose donc que cette dissection préalable du texte à éclaircir est établie, et je la suppose avec d'autant moins de scrupule qu'elle est inattaquable et évidente. Je puis donc dès lors procéder et isoler chacun des membres de phrase obtenus par cette étude préliminaire, et j'entre immédiatement en matière.

1re Phrase.

1ère Phrase.

A. = Texte Persan :   Baga Wazarka auramazda.
B. = Texte de Schulz :   [cuneiform signs]
C. = Texte de M.rs Coste et Flandin : [cuneiform signs]   manque.
D. = Texte de M.r Texier : [cuneiform signs]

Dans toute la partie commune aux trois copies il y a un accord parfait à cela près que le 5.e signe écrit [sign] par M.M. Coste et Flandin, et [sign] par M.M. Schulz et Texier, doit nécessairement comporter cette dernière forme, et qu'il en est de même du 8.e signe qui au lieu d'être écrit [sign] doit recevoir la forme complète [sign] que nous lui voyons dans les autres copies. Que devons-nous penser maintenant de l'absence des deux derniers signes de la copie de Schulz et de Texier dans la copie de M.M. Coste et Flandin? Je l'ignore; d'un côté, l'inscription en question est entourée d'un cadre très nettement tracé qui fixe nécessairement la longueur des lignes, et il faut le dire, les deux signes [signs] sortiraient forcément de la ligne régulière qui ne peut contenir que 8 ou 9 caractères. De plus, en admettant même la présence de ces deux signes de Schulz, il en manque un dernier [sign] pour avoir le nom d'Ormuzd complètement tracé. Faut-il conclure de là que M.M. Schulz et Texier ont cherché à compléter sur leur copie un nom divin qui leur était familier? Je serais assez tenté de le croire jusqu'à plus ample informé. La présence d'une 4.e copie trancherait la question et il serait en ce cas à désirer qu'elle fut prise machinalement par un artiste étranger au déchiffrement des écritures cunéiformes, puisqu'on n'aurait pas à craindre ainsi qu'une restitution de texte eut été faite par le copiste, comme cela a lieu pour les textes de Schulz et de Texier.

Quoiqu'il en soit, on parvient aisément à opérer pour les idées comprises dans chaque membre de phrase en particulier la décomposition qui porte sur la phrase elle-même et nous avons nécessairement les trois groupes suivants

[cuneiform signs]   [cuneiform signs]   [cuneiform signs]

qui correspondent aux mots Persans:

   Baga ——— Wazarka ——— Auramazda.

Cherchons à fixer la valeur des différents caractères Assyriens qui composent ces trois mots et nous nous efforcerons ensuite de reconnaître, si faire

4.

se peut à quel idiome nous avons affaire.

▶︎〒 — Baga, — Dieu.

Dans l'écriture Médique, cette lettre est un א, A. D'après ce que l'étude de cette écriture nous a révélé, nous avons déjà presque le droit de conclure que le signe assyrien ▶︎〒 comporte la valeur que les Mèdes lui ont conservée en l'empruntant aux Assyriens lors de la constitution de leur Alphabet propre. Remarquons d'ailleurs que cette lettre est l'initiale du nom d'Ormuzd,

▶︎〒 𒀭 𒌋 𒊏 𒈠 𒍨 𒁕
א   ה   ו   ר   מ   ז   ד

Deplus, dans le nom Achéménide

𒄩 𒊭 𒀀 𒈾 𒆪 𒅖   (Inscr. E. de Westergaard)
ה   ש   נ   א   מ   כ

Ce signe se trouve placé immédiatement après le signe M, et comme ce nom s'écrit en Persan Hakhamanichiya, et en Médique Hazamanichiya, notre signe est nécessairement une voyelle. C'est donc une image de l'א hébraïque.

Cette lettre isolée représente l'idée Dieu, comment cela peut-il avoir lieu? — J'ai pensé longtemps que ce monosyllabe n'était autre chose que le mot arménien Է, È, lequel comporte à la fois l'idée d'être et de Dieu par extension comme le Ὤν grec. Aujourd'hui j'abandonne complètement cette hypothèse qui m'avait d'abord paru si séduisante, et je n'hésite plus à voir dans le caractère ▶︎〒 l'initiale des mots Chaldéen אלה, Arabe الله et hébraïque אלוה. Cette initiale consacrée était, je le crois, une véritable sigle, tellement connue de tous que le mot qu'elle représentait par abréviation n'avait aucunement besoin d'être écrit en entier. En un mot l'initiale ▶︎〒 jouait dans l'écriture assyrienne le rôle que jouent dans l'écriture démotique des Egyptiens, les initiales des noms Divins, qui se substituent partout sans exception, et comme des sigles véritables à ces noms eux-mêmes.

Dès lors, partout où nous trouverons le caractère isolé ▶︎〒, suivi ou non suivi du caractère indice de la pluralité, nous serons en voie de conclure qu'il s'agit des Dieux ou d'un Dieu en particulier comme ici.

Le pluriel est fréquemment caractérisé dans les textes Assyriens par l'adjonction à un caractère isolé d'un signe déjà reconnu par tous ceux qui se sont occupés de la question. Ce signe se présente sous les trois formes:

𒀭𒀭𒀭   ou   𒐊𒀭𒀭𒀭   ou enfin   𒀭𒀭𒀭

dont la première se rencontre dans les inscriptions du mont Elvend, la deuxième dans l'inscription de Van et la dernière dans l'inscription de Nakch-i-Roustam en dans la Persépolitaine cotée H par Westergaard.

De ce que ce signe de pluralité ne se rencontre qu'à la suite des intitulés faisans fonction de sigle, il y a je crois quelque raison de croire qu'il constitue un indice figuratif plutôt qu'un signe prononçable en lui-même; à mesure que nous avancerons nous serons mis en mesure de constater ce fait. Il est bon de remarquer que ce signe de pluralité comporte toujours les trois éléments juxtaposés ⟨⟨⟨. On me permettra d'y reconnaître quelque chose de bien voisin de l'indice de pluralité des écritures Egyptiennes, indice qui dans les textes hiéroglyphiques se compose de trois traits verticaux juxtaposés ou superposés ||| ou ┬ et dans les textes démotiques d'un signe qui sera également l'image du chiffre 3. M. Botta a constaté que les chiffres sont comme les noms propres précédés du clou vertical indice d'attention. Il se pourrait donc que notre sigle du pluriel ne fut en réalité comme en Egypte qu'un véritable chiffre 3.

Ceci posé, nous aurons pour former le pluriel du mot Dieu la sigle ⊢𝌆 ⟨⟨⟨ ou ⊢𝌆 ⟨⟨⟨ ou enfin ⊢𝌆 ⟨⟨⟨ qui se prononçait peut-être אלהים, si toutefois on admet avec moi que l'initiale ⊢𝌆 du singulier se prononçait אלה, Elah, ou Eloh.

𝌆 ⊢ 𝌅 — Wazarka — très grand, excellent.

Commençons par chercher la valeur alphabétique des signes qui constituent ce mot dont l'équivalence, quant au sens, est bien déterminée à l'avance.

Ce mot offre les variantes suivantes

     𝌆 ⟨⟨ ⊢ 𝌅   (Inscr. C. de Westergaard)
     𝌆 ⊢ 𝌅   (Inscr. de suite du Mont-Elvend)
     𝌆 ⊢ ⟨   (Inscr. de Nakch-i-Roustam)

Nous en conclurons immédiatement plusieurs faits importants :

1°. Le groupe 𝌆 ⟨⟨ constitue une syllabe que représentent également les caractères équivalents 𝌆 et 𝌆 non suivis du deuxième signe ⟨⟨.

Or, celui-ci étant nécessairement une voyelle ou mieux une diphtongue OU, ainsi que le prouve suffisamment la forme du nom de Darius,

𝌆⟨⊢ ⟨⊢ ⟨⊢⟨ 𝌆⊢ ⟨⟨ ⊢⊣
  ד ה ר א ו ש

Il faut nécessairement que les trois signes 𝌆, 𝌆, 𝌆 soient

trois images d'une seule et même articulation.

Le nom de Cyrus, כרש, étant écrit sur les piliers de Mourghâb.

𒆠 𒆠 𒌋

ש ר כ

Le signe 𒆠 est nécessairement un ר, R. il en est donc de même des signes 𒆠 et 𒆠.

Si l'écriture Assyrienne était syllabique comme l'écriture Médique, l'on de toute évidence, il faudrait admettre que les trois signes homophones 𒆠, 𒆠, 𒆠, comportaient la notion OU, ו, qui est exprimée dans la variante

𒆠 𒀀𒀀 𒁹 𒅕

2°. Le signe 𒀀𒀀 est une lettre à lui tout seul. En effet, il ne doit pas se rattacher au premier signe 𒆠 puisqu'il en est séparé par la voyelle 𒀀𒀀 dans la variante que je viens de citer; il ne peut pas non plus être considéré comme faisant partie intégrante d'un caractère 𒅕 puisque nous avons la variante

𒆠 𒁹 𒀀

dans laquelle 𒀀 remplace le signe 𒅕.

Enfin dans l'inscription même qui nous occupe, la ligne 10 commence par ce signe 𒁹 placé devant le sigle qui représente l'idée Roi au pluriel. C'est donc une lettre que nous devons voir dans le signe unique en question.

3°. Dans l'écriture Médique, 𒀀 est l'image constante de la voyelle composée OU ; de plus dans les textes que nous allons étudier partout où nous trouvons la particule copulative elle est représentée par le signe 𒀀 qui transcrit par un Vau, ו, OU, devient exactement la copule sémitique; son homophone 𒅕 doit donc également se transcrire ו, OU.

Nous avons ainsi la valeur des deux signes extrêmes de notre mot, reste donc à découvrir la valeur du signe 𒁹 pour avoir la transcription complète de notre mot signifiant très-grand, excellent.

J'ai très longtemps ignoré la valeur alphabétique du signe 𒁹 que je crois avoir définitivement devinée. C'est celle de l'articulation M, מ, dont personne ne contestera l'étroite affinité avec l'articulation B, ב. A ce sujet je me permettrai de rappeler un fait matériel. Dans l'écriture Assyrienne le signe 𒆠 est certainement un M, מ, et c'est précisément ce signe que les Mèdes one emprunté pour en faire l'image de la syllabe BA. Je me hâte de déclarer à l'avance que la légitimité de la transcription M pour le signe ⊢ se vérifiera partout où ce signe se rencontrera, aussi bien que pour la particule ▽, □ pour בְּ parmi, dans, signalée déjà au commencement de la ligne 10 devant le groupe pluriel les Rois.

En résumé donc nous avons un mot signifiant très-grand, excellent, qui se transcrira :

רומי ou רמי

Le radical chaldaïque et hébraïque רום signifie altus, sublimis esse, potens fieri, magnificari, surgere, crescere, d'où רָמָה altus, excelsus, potens, superbus. — Notre mot assyrien רמי ou רומי ne me paraît pas avoir d'autre origine que le mot sémitique en question.

Ici se présente une difficulté ; quel rôle joue la voyelle finale OU ? Je l'ignore. Est-ce un pronom personnel affixe employé comme les pronoms que les Égyptiens plaçaient à la suite des adjectifs ? Est-ce une simple désinence enclitique du genre de la désinence constante OU dont Mr. le Duc de Luynes a le premier signalé la présence à la fin des noms des satrapes qu'il a reconnus dans les légendes Phéniciennes d'une série de médailles laissées sans explication jusqu'à lui ? Je ne me permettrai pas de trancher cette question délicate. Quoiqu'il en soit le mot assyrien Romou n'est autre chose que le mot Chaldéen et hébraïque רם, altus, potens, dont la signification s'accorde fort bien avec celle du mot Persan correspondant Wazarka, devenu le Persan moderne Bourzourk, grand excellent.

𒀀𒌓𒊏𒈠𒍝𒁕 — Auramazda — Ormuzd.

Procédons d'abord à l'analyse alphabétique de ce nom divin.

Le premier signe, 𒀀, א, A nous est déjà connu.

Le second 𒌓 représente le ה hébraïque. En effet, il se rencontre avec cette valeur dans le pronom démonstratif 𒌓𒈠𒌓 identique avec le הזה sémitique et dans le nom de Darius.

Le troisième signe 𒊏 doit être très probablement une voyelle composée HOU, munie de l'aspiration, car dans l'écriture Médique, le signe 𒊏, bien voisin, on en conviendra, de notre signe assyrien, se lit certainement Hou. D'ailleurs le nom du Khouarizme (en Persan ancien) Uwarazmia, UWARAZMIYA

8.

et en Persan moderne 𐎧𐎢𐎠𐎼𐎭𐎰𐎡𐎹 et en Grec Χωρασμία) est écrit à la fin de la ligne 12 de l'inscription de Nakch-i-Roustam.

𐎧𐎢𐎠𐎼𐎭𐎰𐎡𐎹

Or, si l'on admettait pour l'écriture assyrienne ce qui a certainement lieu pour l'écriture Médique, que le même signe qui représente la syllabe MA peut représenter la syllabe WA, nous aurions lettre pour lettre le mot Houwarazmah ou Houwarizmah presque identique avec les noms persans ancien et moderne. Quelle que soit la lecture définitive de ce nom géographique, nous n'en déduisons pas moins la valeur aspirée Hou pour le signe 𐎧.

Le signe suivant 𐎢, précisément à cause de la place qu'il occupe dans le nom d'Ormuzd, ne peut être qu'un R affecté ici de la motion A. Dans l'inscription E. de Wettergaard ainsi que dans l'inscription de Vay, copiée par Schulz, ce signe 𐎢 est remplacé par son homophone 𐎼.

Vient après, l'M, avec la motion A, qui sera l'initiale au nom des Mèdes

𐎶 𐎠𐎭 𐎡𐎹

מ ד ה ה ה

en chaldéen מדי et, comme ici, מדאה c'est-à-dire 𐎶 ou 𐎷.

Puis le signe 𐎨𐎼 qui paraît devoir se transcrire par un 𐎩 quelconque, Z, à en juger par la comparaison de notre nom d'Ormuzd avec le nom d'Hystaspès, quelle qu'en soit d'ailleurs la transcription exacte :

𐎧𐎢 𐎠𐎼 𐎨𐎼 𐎭

Nous avons en passant une remarque importante à faire sur ce signe complexe. Il est identique avec la sigle ordinaire qui représente l'idée Roi, sigle dont nous nous occuperons amplement un peu plus loin, à cela près que l'on a placé au dessous et comme une sorte de superfétation modificative le signe 𐎹 qui, dans l'écriture médique, représente la syllabe Zu aussi bien que dans l'écriture assyrienne à laquelle il a été emprunté. Serait-ce par hasard que le signe 𐎨𐎼 sans cette adjonction, était une sifflante forte ? en ce cas le mot représentant l'idée Roi et dont l'initiale constitue la sigle image constante de cette idée, commençait par une sifflante forte ; peut être alors était-ce le mot Sar, partie intégrante pour ainsi dire obligée de tous les noms Royaux assyriens et qui signifie à la lettre, Prince, Roi, en se rattachant au radical hébreu שׂרר, principatum tenere.

Nous reviendrons plus tard sur ce point important.

La lettre suivante 𒀭 étant l'initiale du nom Darius, se lit nécessairement D ou mieux Da si l'écriture avait un principe syllabique.

Quant au signe final 𒀭 que j'ai suppléé à l'aide de tous les textes complets et qui ne se trouve ni dans les copies de Schulz et de Texier, ni dans celles de Coste et Flandin, il permute avec le signe 𒀭 dans le pronom démonstratif 𒀭 𒀭𒀭𒀭 (Inscr. D de Westergaard lig. 7), il doit donc se transcrire ה comme son homophone.

En résumé le nom d'Ormuzd se transcrit

אהורמזדה, Ahhouramazdah.

Tout ceci posé, le premier membre de phrase analysé jusqu'ici se lit :
א(לה) רבי (רויי ou) אהורמזדה, et se traduit littéralement :
(un) Dieu très grand (est) Ormuzd.

Il eût été difficile de suivre plus rigoureusement la marche du texte persan correspondant : Baga Wazarka Auramazda.

Passons maintenant au membre de phrase qui suit, celui que nous venons d'analyser :

A. Texte persan, hya imam bumime ada.
B. 𒀭 𒀭 𒀭 𒀭 𒀭 𒀭 𒀭 𒀭 𒀭
C. 𒀭 𒀭 𒀭 𒀭 𒀭
D. 𒀭 𒀭 𒀭 𒀭 𒀭

Nous admettrons toujours que la décomposition mécanique du texte est opérée préalablement et nous allons examiner successivement les mots suivants :

𒀭 𒀭 𒀭 𒀭 𒀭 𒀭 𒀭 𒀭

correspondants d'une manière certaine et indépendamment de toute analyse grammaticale aux mots persans.

hya ——— bumin ——— imam ——— ada.
qui ——— monde ——— ce ——— adonné.

𒀭 ——— hya ——— qui.

Ce caractère assyrien se trouve dans l'écriture médique et là il comporte le son syllabique CHA. Nous avons donc à priori une grande présomption en faveur de l'attribution de cette même valeur ou du moins de la valeur CH au caractère qui nous occupe. Voyons si cette valeur se vérifie.

Nous trouvons le nom de Xerxès écrit dans l'inscription de droite au mons Elwend, à Van et à Persépolis (C. et E. de Westergaard).

𒀭 𒁹 𒀀 𒁹 𒅅 𒁹 𒀀

D'un autre côté, le nom Achéménides est écrit à Nakchi-Roustam :

𒁹 𒁹 𒁹 𒁹 𒁹 𒁹 𒁹

ou

𒁹 𒁹 𒁹 𒁹 𒁹 𒁹 𒁹 𒁹

Dans les inscriptions B, C et D de Westergaard, de la comparaison de ces deux noms résulte forcément :

- 𒀭 = Kh.
- 𒁹 = CH ou CHi (dans l'écriture médique
- 𒅅 = R ou Ri (le signe médique   se lit Ri.)
- 𒁹 = K ou Ka
- 𒁹 = A, ainsi que nous l'avons déjà reconnu
- 𒁹 = Ha   (id.)
- 𒁹 = Ak   (id.)
- 𒁹 = N ou Na
- 𒁹 = Ch. (Dans l'écriture médique, ce signe a la même valeur.)

et enfin 𒁹 = Cha.

On voit que nous pouvons à considérer l'écriture assyrienne comme ayant été primitivement syllabique comme l'écriture médique qui en a découlé. Mais ce n'est encore qu'une présomption que l'avenir seul peut vérifier ou infirmer. — Quoiqu'il en soit les deux noms relatés plus haut doivent se transcrire :

חשהשרשה

הכמנשה

הכמאנשה

et se prononcer probablement : Khchahcharchah.

Akemenichiah ou Akremanichchiah.

Le signe 𒁹 représente donc comme dans l'écriture médique, la chuintante sémitique ש ou שׁ.

Cette chuintante isolée représente ici le pronom relatif qui. Il en est exactement de même en hébreu où le pronom relatif אשר est le plus souvent remplacé par le pronom שׁ ou שׁ. Il y a donc identité parfaite entre notre pronom syrien 𒁹 et le pronom hébraïque ש. Il y a plus : en hébreu ce pronom suivi de la lettre ל, forme une particule indice du génitif של, dans le rôle en tous à fois rationnel, puisque cette particule signifie littéralement

11.

qui à pour qui est à. En assyrien nous venons à chaque pas la même lettre 𐎱 jouer le rôle de la particule de flexion hébraïque שׁ, c'est-à-dire servir d'indice du génitif. Si l'hébreu ne nous fournit aucun exemple de cet emploi de la particule שׁ, il n'en est pas de même de l'idiome Phénicien ou punique ; car nous trouvons dans les textes nombre d'exemples incontestables de l'emploi du caractère 𐤔, שׁ, comme indice du génitif. L'illustre Gesenius n'avait pu s'y tromper et il a le premier signalé l'existence de ce fait grammatical (1). Donc dans l'idiome assyrien, le pronom relatif 𐎱, cha, qui n'est que le שׁ hébraïque, était aussi l'indice du génitif. En un mot, il en était de lui comme du mot Chaldéen די qui sert à la fois de pronom relatif et d'indice du génitif.

𐎱 𐎠𐎡 𐎹 — Bumim — Monde — Immensité.

Nous voici arrivés à un mot difficile et dont nous aurions en toutes lettres prises du monde à nous tirer, sans une précieuse variante que nous fournit le texte de l'inscription persépolitaine cotée D, par Westergaard.

Voyons d'abord quelles sont toutes les variantes d'orthographe de ce mot. Nous trouvons les trois formes suivantes :

1. 𐎱 𐎠𐎡 𐎹   Inscr. de gauche du Mont Elvend.
2. 𐎱 𐎠𐎡 𐎹𐎠𐎡   (Coste et Flandin, ligne du 16.) 𐎹𐎠𐎡   (Schulz) id. de droite.
3. 𐎱 𐎠𐎡 𐎹   Inscr. F de Westergaard.
4. 𐎱𐎡 𐎠𐎡 𐎹   Inscr. D de Westergaard.

Les variantes 1, 2 et 4 se terminent par la lettre R qui nous est bien connue déjà. Donc le signe final de la 3ᵉ est également un R. Dès lors nous en pouvons conclure que ce signe, qui se trouve reproduit dans les différentes copies que nous possédons des inscriptions de l'Elvend n'est autre chose que le signe plus correct 𐎹𐎠𐎡, du nom de Cyrus sur les piliers de Mourghâb. Dans ce nom la motion dont l'articulation R est affectée est B si nous en jugeons par la forme sémitique Koresch ; dans le nom Auramazda, au contraire, c'est la motion A qui frappe l'articulation R et cependant les deux signes 𐎹 et 𐎹𐎠𐎡 sont homophones, puisqu'ils permettent dans notre mot assyrien signifiant le monde. Ce fait semble confirmer l'idée que j'ai émise plus haut sur le syllabisme primitif de l'écriture assyrienne. Au reste, il se pourrait fort bien que cette écriture ayant

(1) Les monnaies Puniques frappées en Sicile pour la solde des armées, portent la légende 𐤋𐤏𐤌 𐤌𐤇𐤍𐤕, עם שׁ מחנת, pour le peuple du camp, pour l'armée. — Je me bornerai à citer ce seul exemple dont les analogues sont nombreux.

une période plus ou moins longue pendant laquelle les signes auraient été syllabiques, puis devenue alphabétique simple. Je laisse à de plus habiles que moi le soin de décider cette curieuse question.

Quoiqu'il en soit le mot qui nous occupe se termine par un R.

Il commence par une voyelle, car le nom Achéménide est écrit de la manière suivante dans l'inscription de droite du Mont Elvend:

Copie de Schulz :
Copies de Coste et Flandin et de Texier :

Ce nom se décompose de la manière suivante :

Ha Ka Ma Ni Ch Chi Ah.

Et par suite le caractère ⟨⟩ ou ⟨⟩ est l'image de la voyelle I, du Iod hébraïque.

D'ailleurs, M. Botta dans son catalogue des signes assyriens équivalents a constaté (N° 39) par de nombreux exemples, que la lettre ⟨⟩ est équivalente de la lettre ⟨⟩ laquelle est très certainement une voyelle ou aspiration douce, puisqu'elle, dans les textes aussi souvent supprimée qu'exprimée, et de la lettre ⟨⟩, laquelle est encore un I.

Reste enfin le caractère intermédiaire ⟨⟩ ou ⟨⟩. Or, ce caractère est un T. Car dans le mot ATeN, il a donné, pour: il a créé, que nous allons examiner tout-à-l'heure, la seconde lettre est notre signe ⟨⟩ un peu incliné, voilà tout. Nous avons donc, si nos lectures sont correctes, un mot יתר qui doit signifier: le monde. Vérifions : le radical יתר signifie s'étendit, et nous avons le mot chaldéen יָתִיר qui signifie permagnus d'où l'adverbe יַתִּירָה abunde, valde; il n'y a rien de plus étonnant à trouver le monde désigné en assyrien par l'idée : ce qui est immense, étendu, que de trouver en persan l'idée : le monde, rendue par le mot Bumi, signifiant à la lettre ce qui est, ce qui sait, d'où la terre représentée par le mot Prithivi, पृथिवी, signifiant également : ce qui est large. C'est donc avec confiance que nous assimilons notre mot assyrien ITR au mot chaldéen יָתִיר.

Un autre mot hébraïque a, nous le pensons, une assez étroite analogie avec le mot יתר dont nous venons de parler, c'est le mot עתר qui, à la forme niphil, signifie multus, largus fecit, et à la forme hiphil, multiplicavit; de ce radical vient עתר ou עתרת, abundantia. L'aïn en hébreu pouvait se prononcer, comme en arabe, dans certains mots tels que : علم, ilm, science.

𒀹𒀹 𒌋𒌋 𒀹𒀹 Imum, ce, cette.

Nous avons ici un pronom démonstratif dont il s'agit de reconnaître la forme et l'origine. Commençons d'abord par rechercher les variantes qu'il offre ; nous trouvons

𒀹𒀹 𒌋𒌋 𒀹𒀹   { Dans les deux inscriptions de l'Elvend, copies de
                    Schulz, de Texier et de Coste et Flandin.
                    Inscrip. de Van, copie de Schulz, lig. 20.

𒀹𒀹 𒌋𒌋 𒀹𒀹   Inscrip. E. de Westergaard,

𒀹𒀹 𒌋𒌋 𒀹𒀹   Inscrip. D. de Westergaard.

Je l'avoue, j'ai beaucoup plus de confiance dans les copies de Westergaard que dans toutes celles de ses devanciers ; je regarde donc comme correcte la forme 𒌋𒌋 du caractère intermédiaire. Le premier et le dernier signe de ce pronom est un ה ; et si nous nous laissions guider par la forme du pronom hébraïque analogue הזה, nous pourrions conclure immédiatement que le caractère intermédiaire est un équivalent du Zaïn hébraïque. En arabe nous avons le pronom démonstratif هذا, ce هذه qui est identique avec le pronom hébraïque et qui se prononce dé ou hédé. Notre lettre encore indéterminée serait donc, à en juger par ces deux analogies, une image de l'articulation représentée par le Zaïn hébraïque et par le ذ arabe qui se prononce presqu'invariablement comme le ز.

Ce caractère 𒌋𒌋 mais muni cette fois d'un clou vertical, se trouve dans le nom d'hystaspes dont voici les variantes.

𒀹𒀹 𒀹 𒌋𒌋 𒀹 𒁹 𒀹𒀹   Inscr. de gauche de l'Elvend, copie de Schulz.
𒀹𒀹 𒀹 𒌋𒌋 𒀹 𒁹 𒀹𒀹   Copie de Texier.
𒀹𒀹 𒀹 𒌋𒌋 𒀹 𒁹 𒀹𒀹   Idem copie de Coste et Flandin.
𒀹𒀹 𒀹 𒌋𒌋 𒀹 𒁹 𒀹𒀹   Inscrip. B. de Westergaard
𒀹𒀹 𒀹 𒌋𒌋 𒀹 𒁹 𒀹𒀹   Inscr. N.B. de Westergaard.

Il est évident que la forme 𒌋𒌋 du 2ᵉ caractère est certaine, puisque les cinq copies sont d'accord sur ce point. Nous savons par le nom d'Ormuzd que le troisième caractère est un ζ et que le dernier est donc un P ou la syllabe Pa ; dès lors le second caractère semblerait devoir être ou un T ou un D, affecté de la motion A. Si c'est un D, notre lecture הדד, هدا, Ha DA?, est vérifiée, mais notre signe 𒌋𒌋 s'est compliqué du clou vertical placé à l'extrémité du caractère.

La présence de ce clou vertical modifie-t-elle le son du caractère ⟦cuneiform⟧ qui entre dans le pronom? Cela n'est pas certain et plus loin je montrerai par bon nombre d'exemples qui semblent concluants que ce même clou final est souvent introduit dans le tracé d'un caractère, sans le modifier d'une manière apparente, quant au son, et sans qu'il soit possible par conséquent de deviner le motif de son intervention. (1)

Maintenant faut-il lire ce nom Vi Daz Pa, Gi Daz Pa, Hi Daz Pa, Di Daz Pa, Co Daz Pa? Nous l'ignorons, quoique l'orthographe du nom Assyrien d'Artaxercès nous fasse pencher en faveur de la leçon DiZaSPa.

En effet, ce nom sur le vase du trésor de St Marc est écrit:

⟦cuneiform⟧

SaRDaKChaTRa   ou   SaRTaKChaTRa.

Et par conséquent le caractère ⟦cuneiform⟧ est un D ou un T.

Quoiqu'il en soit, nous persistons à voir dans le signe ⟦cuneiform⟧, qui entre dans le pronom ⟦cuneiform⟧, une articulation indéterminée voisine à la fois du ד et du ת hébraïques, du د et du ذ arabes.

Ajoutons ici une remarque curieuse et importante. La ligne 17 du texte dont nous nous occupons est ainsi composée:

⟦cuneiform⟧   Copie de Schulz.
⟦cuneiform⟧   Copie de Coste et Flandin.
⟦cuneiform⟧   Copie de Texier.

Elle signifie indubitablement comme la phrase Persane correspondante:
Khshayathiya ahyahya bumiya... Roi de ce monde...

Le pronom est donc en ce point écrit ⟦cuneiform⟧ suivant Schulz, ⟦cuneiform⟧ suivant Texier, et ⟦cuneiform⟧ suivant Coste et Flandin.

Dans l'inscription de droite au point correspondant nous lisons dans la copie de Schulz ⟦cuneiform⟧, dans celle de Coste et Flandin, ⟦cuneiform⟧ seulement et dans celle de Texier ⟦cuneiform⟧.

On peut juger par ce seul fait de la difficulté énorme que présente l'analyse d'un texte dont on possède trois copies qui diffèrent autant. Heureusement l'inscription C. de Vestergaard, ligne 3, nous donne la forme

___
(1) La forme médique du nom d'Hystaspe est ⟦cuneiform⟧, Ouichtaspa, Vichtaspa, nous n'avons donc aucun secours à attendre de la comparaison de cette forme avec celle du même nom prononcé ou écrit par les Assyriens.

𒀭𒈾𒀭 𒉽𒈾𒀭 , que nous retrouvons identiquement dans la copie de la même inscription donnée par Schulz. Cette forme, déjà probablement correcte, le deviens sûrement si l'on considère qu'elle est identique avec celle que nous fournis la copie de MM. Coste et Flandin à la ligne 17, du texte qui nous occupe. Telle est donc assurément la forme de pronom démonstratif placé au génitif, qui se lit dans ce cas HaDaHaD; moi, je ne me charge pas d'expliquer la présence de cette sorte de désinence, vu qu'elle est la seule que j'aie pu découvrir jusqu'ici dans les textes assyriens, si toutefois il y a là une véritable désinence.

Quoiqu'il en soit, il me paraît impossible de ne pas transcrire Hazah, ou HaDah, le pronom démonstratif assyrien, et de ne pas l'assimiler par conséquent au pronom hébraïque הזה, arabe, ܗܳܢܐ.

Terminons ce qui concerne ce pronom démonstratif en disant que dans le fragment de texte extrait de la fameuse inscription de Bisutoun et qui se rattache à l'imposteur Gomatha, le pronom serait écrit 𒉽 𒈾𒀭 𒉽 , si nous pouvions avoir toute confiance dans la seule copie si défectueuse que nous possédons de ce précieux passage.

—————————

𒀀𒁕 —— Ada, a donné, a créé.

Une des causes qui m'a le plus longtemps arrêté dans mes essais de déchiffrement des inscriptions assyriennes achéménides, a été la tendance à scinder le 1er signe de ce mot pour en faire deux signes distincts. Aujourd'hui je n'hésite plus à reconnaître dans le groupe compliqué 𒀀𒁕 un seul caractère ayant très probablement la valeur d'un A. Je vais d'abord exposer les raisons qui m'ont fait adopter cette valeur alphabétique. D'abord en dépeçant le signe en question afin de le lire MK on n'obtient absolument aucun sens et le mot trouvé ne ressemble à rien qui signifie: il a donné, ou il a créé. Les deux dernières lettres de notre mot, sont: la première un T que nous avons déjà reconnu dans le mot ITIR, אתר, signifiant le monde, l'immensité; la douzième un N, car nous avons pour notre mot signifiant il a créé, les variantes suivantes.

𒀀𒁕   Inscr: D. ou E de Westergaard, inscript. gauche du Mont Elu...
𒀀𒁕𒀭   Inscrip. de droite, copie de Schulz, de Hexier et de Coste et Flandin.

Or, il n'y a pas de douter à conserver sur la valeur du signe 𒀭 ...

analogue du signe médique 𒈾, Na, ce des signes ninivites 𒀭, 𒀭, 𒀭 dans lesquels tout le monde a reconnu des N. D'ailleurs il est bien clair que le signe achéménide 𒀭 et le signe ninivite 𒀭 sont à très-peu de choses près, identiques.

Nous avons donc TN, תן pour les deux dernières lettres de notre mot signifiant il a donné, comme le Persan ada, pour : il a créé. Or, en hébreu et en chaldéen נתן qui fait au futur יתן, par la chûte de la lettre faible נ signifie précisément il a donné, dédit aussi bien que posuit, constituit, fecit.

On serait donc naturellement porté à lire le premier signe encore indéterminé 𒀭, N, afin de retrouver précisément le mot sémitique נתן, si l'on n'avait d'un autre côté dans une foule de textes que nous analyserons plus tard, une particule signifiant indubitablement avec, commençant par le caractère en question et finissant par un T. Or, cette particule n'est et ne peut être que la préposition hébraïque את qui a précisément le sens cum, apud, penes, et qui ressemble de si près au et latin, comme au hada Persépolitain. Ceci posé, nous avons un mot Assyrien ATEN, il a donné, il a fait, il a créé, qui tient évidemment le milieu entre le נתן hébraïque et le ادا arabe.

Toutefois je ne dois pas dissimuler qu'à la ligne 4 de l'inscription de Van, Schulz a cru voir le même mot écrit 𒀭𒀭𒀭𒀭, ce qui donnerait l'équivalence 𒀭=𒀭, et par suite 𒀭=K=כ, comme 𒀭, qui est l'initiale du nom de Cyrus sur les piliers de Murghâb. De plus, Mr. Texier a reproduit exactement la même orthographe. En ce cas notre mot au lieu de se lire אתן devrait se lire הכן ou אכן et il deviendrait l'équivalent de l'hébreu הכין, erexit, statuit, constituit. Mais alors le mot 𒀭𒀭𒀭𒀭, qui doit signifier le ciel n'aurait plus de sens pareil, et il pourrait tout au plus se comparer au radical אבד terram fodit, d'où אבר, arator, agricola; ce qui permettrait de donner à notre mot assyrien, par une hypothèse un peu forcée, le sens de terre: Je laisse à déplus habiles à décider si cette leçon, basée sur une copie presque toujours défectueuse d'un texte inaccessible, doit être préférée?

Maintenant récapitulons: Notre 2e membre de phrase se transcrira

ש יתר הזה את נתן

17.

Il signifie littéralement : qui monde ce a fait, tour comme le Persan : hya Imam bumim ada. sauf que le pronom démonstratif suit le nom dans la phrase assyrienne au lieu de le précéder comme dans la phrase Persane ; l'ordre des mots est absolument le même. Ce n'est pas un médiocre sujet d'étonnement pour moi, je l'avoue, de trouver une langue sémitique avec des inversions constantes, pareilles à celles que nous reconnaissons ici, et qui, plus est, représentée par une écriture qui se trace de gauche à droite comme toutes les écritures Indo-Germaniques. Je ne me charge pas d'expliquer ces faits étranges que je dois me contenter de signaler.

Passons au 3.e membre de phrase :

A. hya awam asmanam ada.
B. [cuneiform]
C. [cuneiform]
D. [cuneiform]

Il n'est que trop évident qu'il n'y a aucun fond à faire sur les copies de Coste, et Flandin, et de Texier, copies qui fournissent des signes qu'on ne trouverait que là, force est donc de s'en tenir à celle de Schulz. Celle-ci se scinde en 4 groupes correspondans aux quatres groupes persans.

[cuneiform]

en signifiant :   qui   terre   cette   a donné,   à fait.

Commençons par remarquer qu'il y a ici une discordance entre le texte persan et le texte assyrien, si la version que je viens de donner est réelle. C'est ce que nous allons vérifier par l'analyse.

[cuneiform] — [cuneiform] — hya — qui
[cuneiform] — Asmanam ? — Ciel ?

Le mot à expliquer est de deux lettres dont la première se lit indubitablement A, X. Quant à la deuxième, qui s'écrit [cuneiform] à Van, à cause de la nature cassante de la pierre, elle s'écrit ou s'omet indifféremment dans le même nom propre ; c'est donc une voyelle comme l'a constaté Mr Hincks pendant que je le constatai de mon côté. (1) Cette voyelle c'est un i ainsi que je crois l'avoir établi dans mon travail sur un fragment généalogique royal

---

(1) Mr Botta dans son catalogue d'homophones (N.º 34) constate l'égalité de valeur des signes [cuneiform], [cuneiform], [cuneiform] et [cuneiform]. Il établit de plus, que ce sont des I comme je l'ai avancé moi-même par d'autres considérations.

18.

extrait des inscriptions recueillies à Van par Schulz. — Nous avons donc un mot AI, אי qui devrait correspondre au mot persan Asmanum, s'il y avait parallélisme complet entre les textes ; mais il nous sera très facile de démontrer, en nous occupant de la 2ᵉ inscription du Mont Elvend, que ce parallélisme n'existe pas, nous ne devons donc pas être arrêtés si le sens du mot assyrien obtenu n'est pas celui du mot persan inscrit à la place homologue. Or, le mot hébraïque אי, pl. איים signifie terre solide (l'opposé de l'eau), or îles. Ce n'est donc pas du ciel qu'il s'agit en ce point du texte assyrien, mais bien de la terre. Dès lors, il y a lieu de croire que c'est le mot הוי que nous avons trouvé dans le membre de phrase précédent qui signifie à la lettre, l'Etendue, l'immensité, qui correspond en réalité à l'Asmanum des textes persan, tandis que c'est notre mot assyrien qui correspond au Bumium persan.

⊢𐎠 ⊣𐎨 𐎫𐎡 𐎡 — Awam — Cette.

Les deux premières lettres de ce mot nous sont connues déjà, ce sont un A et un N, la troisième est un T, ainsi que l'a constaté Mʳ. Botta, (Catalogue N° 15), puisque ce caractère permute avec le caractère ⊣𐎨 qui se trouve dans le nom

𐎥 𐎶 𐎠 𐎫 𐎠
Go Ma Ha Ta Ha

du Mage imposteur Gomatès. Nous avons donc le nom ANT, אנת qui est un pronom démonstratif se rapportant au nom אי, la terre. En hébreu אי est masculin, et ici nous trouvons notre pronom affecté d'une terminaison que je crois féminine. L'אי assyrien était-il donc féminin ? Cette fois encore je ne me charge pas d'expliquer le fait que je constate ; quoiqu'il en soit nous avons en hébreu les pronoms pluriels אתן et אתן dont une des formes du singulier se trouve très probablement dans notre pronom assyrien אנת.

𐎠𐎭𐎠 — Ada — a donné, a créé.

Notre troisième membre de phrase se transcrit :

ש אי אנת אדא

et se traduit : qui, terre, cette, a donné, c'est-à-dire qui a créé cette terre.

Nous lisons ensuite :

A.   bya   Martiyam   Ada.
B.   𐎡𐎹 𐎶𐎼𐎫𐎡𐎹𐎶 𐎠𐎭𐎠
C.   ⊢⊣⊢ 𐎶𐎼𐎫𐎡𐎹 𐎠𐎭𐎠
D.   ～～～～～～～～～～⊣

Le premier et le troisième mot de ce membre de phrase nous sont déjà

19.

bien connue, ce sont :

▽ — ⌐ — bya — qui.
𒀭𒀀 — ada — a donné, a créé.

Resté à étudier le mot correspondant au persan Martiyam, en voici les différentes variantes :

1. 𒀭𒀭𒀀𒀭 Schulz, lig. 5.
2. 𒀭𒀭𒀀𒀭 D°, lig. 7.
3. 𒀭𒀭𒀀𒀭 Coste et Flandin, lig. 5.
4. 𒀭𒀭𒀀𒀭 D°, lig. 7.
5. 𒀭𒀭𒀀𒀭 Texier, lig. 5 ou 7.

Comme nous ne trouvons ce mot important que dans ce seul passage, il est bien difficile d'en déduire la forme correcte des cinq variantes que nous avons sous les yeux ; essayons toutefois de déterminer quelques points certains. Nous avons d'abord la terminaison du pluriel à mettre de côté. C'est le sigle 𒀭𒀭, restent alors deux groupes qui doivent signifier le mortel comme le Persan Martiyam. Remarquons en passant que Martiyam est à l'accusatif singulier, et que notre mot assyrien correspondant est certainement au pluriel ; nouvelle discordance de détail des deux textes. D'une part, Schulz écrit deux fois de suite 𒀭 et à la ligne 5 Coste et Flandin copient de même. La variante 4 est donc très probablement incomplète et il y manque en tête le petit clou horizontal des trois autres, clou qui se lit M, מ. La variante 4 nous donnant le signe 𒀭 qui commence le mot lu par nous יה, nous avons très probablement ici un iod placé après un mem. Quant au signe intermédiaire que Schulz et Texier écrivent les deux fois 𒀀, Coste et Flandin l'écrivent de leur côté deux fois de suite 𒀭. Cette lettre, qui est le Ta médique, est si voisine du 𒀭 du mot יה, que je suis bien tenté d'y voir encore un ת. Nous obtenons ainsi un mot מית qui semble bien rapproché du participe מת, מתה du radical מות, mort, origine du Chaldéen מות, mors et de l'arabe ﻣﻮت, ﻣﺎت. Cette coïncidence, si elle n'est due qu'au hasard, est assez étrange, précisément parce que nous devons trouver ici une expression équivalente du Martiya Persan. Tout bien considéré, je propose de lire ce mot (מ ou י)מת et de le traduire par les mortels, littéralement, ceux qui meurent, les êtres mourants.

En résumé, le membre de phrase que nous venons d'analyser se traduit :

20.

שׁ מר(ים ou י)ן אֻן

Il se traduit : qui les mortels a donné, pour à créer; et il correspond mot pour mot au Persan hya Martiyam ada.

Passons au membre de phrase suivant :

A. hya Shiyatim ada Martiyahya
B. [cuneiform]
C. [cuneiform]
D. [cuneiform]

Essayons de la comparaison de ces trois copies discordantes de déduire quelque chose de probable.

Le pronom relatif [cuneiform] hya qui, peut être tout d'abord mis à part ainsi que les deux derniers mots.

[cuneiform] Martiyam — les mortels.
[cuneiform] — ada — a donné, a fait.

Il nous reste donc 8 groupes pour représenter l'équivalent du Persan Shiyatim. Rappelons d'abord que MM. Lassen et Westergaard traduisent ce mot par la fortune, le destin, et M. Rawlinson par la vie. Il reste donc une sorte d'incertitude sur le sens absolu de ce mot. Il se retrouve bien dans le texte Persan de l'inscription de droite du Mont Elvend, mais l'expression Assyrienne en est toute différente, aussi bien que l'expression de l'idée martiyam ; nous n'avons donc aucun secours à espérer de la comparaison des deux passages, et nous devons tirer toute une ressource de celui même qui nous occupe.

Le premier caractère est écrit [cuneiform] par Schulz, [cuneiform] par Texier et [cuneiform] par Coste et Flandin : cette dernière forme ne se trouvant que là ; c'est l'une des deux premières qui est probablement exacte.

Le caractère suivant [cuneiform] est écrit de même dans les trois copies ; nous devons donc admettre qu'il est fidèlement reproduit. Puis vient, dans les copies de Schulz et de Texier, le signe bien connu [cuneiform] auquel l'autre copie substitue un groupe qui n'aurait d'analogie avec rien.

Nous trouvons enfin avant les trois signes terminaux, qui se présentent correctement écrits de part et d'autre, un groupe évidemment complexe :

[cuneiform] ou [cuneiform] ou [cuneiform]

Ces trois formes si différentes ne peuvent nous inspirer aucune espèce de confiance, et vous ne nous permettrez pas de substituer une hypothèse à une réalité qui nous échappe, et qui est peut-être à cent lieues de ce que nous supposerions. Quoiqu'il en soit, le signe qui suit le groupe défectueux que nous venons de reproduire termine une ligne; il terminait donc probablement un mot et à coup sûr les deux signes qui suivent 〈cuneiform〉 constituent un mot à eux seuls. Vous avons donc en définitive l'idée Shiyatim rendue par les groupes :

〈cuneiform〉 ou 〈cuneiform〉 ? ! 〈cuneiform〉

Examinons les deux leçons :

La première lettre est ou un groupe אנ, NA, où le נ du pronom démonstratif, 〈cuneiform〉 copié 〈cuneiform〉 par Schulz; la deuxième est un M car dans le mot correspondant au persan Thatiya, dicit, il dit, ce qui est 〈cuneiform〉 se traduisant נאמ

le מ final n'est autre chose que notre second signe.

Nous avons donc pour les premiers signes du mot נצמן ou נצמ que nous pouvons comparer immédiatement à l'hébreu et au chaldéen. נצמן dérivé de נצם signifie amoenitas, suavitas, delicia. — — — — — — — — — — — נצי signifie tempus constitutum (وقت, arabe), il vient du radical נצב statuit, constituit. Cette idée de temps fixé se si bien en rapport avec l'idée de vie attribuée au mot shiyatim par Rawlinson, que je suis fort tenté de croire que des deux versions c'est la dernière qu'il faut préférer. Il est probable, s'il en est ainsi, que les caractères suivants comprennent l'idée ; la vie. En hébreu et en chaldéen cette idée est rendue par חי ou היה ou חיה ou חיי. C'est donc là l'emise que nous aurions à retrouver. Or, la copie de Schulz nous montre que le 1er signe à trouver dans le groupe que nous avions forcé de laisser indéterminé pourrait bien être le 〈cuneiform〉, ח, initial du mot assyrien de Xerxès, le caractère de la copie de Schulz et de Texier débarrassé de ce signe deviendrait 〈cuneiform〉 et de celle de MM. Coste et Flandin 〈cuneiform〉 〈cuneiform〉

Peut-être est-il permis de soupçonner que sous ces deux formes étranges et assurément incorrectes, se trouve caché le signe 〈cuneiform〉 ou son équivalent 〈cuneiform〉 qui est un I, ainsi que nous l'avons déjà reconnu. Quant au signe suivant 〈cuneiform〉, je n'en saurais encore démontrer la nature. Si toutes ces hypothèses étaient admissibles, nous aurions un mot חיה ou היה, qui nous donnerait précisément ce que nous devons trouver; mais justement à cause de l'opportunité de sa présence; en ce point je suis bien disposé à la révoquer en doute.

Les deux derniers caractères ⟨cuneiform⟩, se transcrivent immédiatement הן et ils constituent une particule explétive que nous trouverons employée en ceux endroits différents, sans que sa présence soit en rien nécessaire à la fixation du sens général. C'est très certainement la particule hébraïque et chaldéenne הן qui signifie ecce, ecci, si, or, nam. On sait combien il est commun d'entendre les arabes parlant d'une action faite par eux ou par d'autres, commencer leur phrase par هل ou هلّ ou أل. Très certainement la particule أل qui ne peut là comporter le sens dubitatif si, joue exactement le rôle de notre particule assyrienne הן.

En résumé, notre membre de phrase se transcrit :
אנש (מים ou מם) ח חיה זמן ש

Et il se traduit : qui le temps fixé de la vie ? des hommes a donné, ou a fait.

Le texte Persan est : hya shiyatim ada martiyahya.

Les mots du texte assyrien ne suivent donc pas seulement les mots Persans correspondants, de plus la particule explétive ou interjective הן n'a pas d'équivalent Persan.

Nous lisons ensuite :
A.   hya Daryawaum Khshayathiyam akunaush.
B.   ⟨cuneiform⟩
C.   ⟨cuneiform⟩
D.   ⟨cuneiform⟩

Je n'entrerai pas ici dans des détails inutiles sur les corrections à faire subir au texte. A un signe près ce texte est parfaitement correct dans la copie de Schulz et nous le scindons de la manière suivante :

⟨cuneiform⟩

⟨cuneiform⟩ הן ש ― hya ― qui certes ou qui voilà.
⟨cuneiform⟩ ― Daryawaum.
― Darius.

Ce nom est précédé, comme d'ordinaire, du clou vertical, indice d'attention. Il n'y a pas lieu d'insister ici sur le rôle de cet indice que tous les

monde a parfaitement reconnu. Quant au nom en lui-même il présente les
variantes suivantes :

〈cuneiform〉 .... { Inscr. D. de Westergaard.
                              Inscr. de Van, copie de Schulz. }
〈cuneiform〉 .... Inscr. H. et E. de Westergaard.
〈cuneiform〉 .... Cachet du British museum.

De la comparaison de ces quatre formes du même nom, nous déduisons
les valeurs suivantes :

〈cun〉	D ou Da,	médique	〈cun〉	Da .
〈cun〉	H	médique	〈cun〉	H .
〈cun〉	R ou Ri,	médique	〈cun〉	Ri .
〈cun〉	YA	médique	〈cun〉	YA .
〈cun〉	Y	médique	〈cun〉	i .
〈cun〉	OU	médique	〈cun〉	OU .
〈cun〉	CH	médique	〈cun〉	CHi .

Notre variante du nom de Darius se transcrit donc ici :

דהריאהוש

Et se prononce .... Dahariahouch.

〈cun〉 — Khshayathiyam. — Roi.

Nous voici arrivés à l'un des signes assyriens dont la valeur en le
mieux déterminée quant au sens, et dont la prononciation est encore parfaitement inconnue. Nous avons dans ce signe une sigle conventionnelle
qui représente l'idée Roi, le fait est hors de doute ; mais comment la lire ?
Est-ce le mot מלך, qui en hébreu et en chaldéen signifie Roi. Est-ce le mot
sar, סר, qui entre dans la composition de tant de noms royaux assyriens, que
recouvre cette sigle ? c'est ce qu'il n'est pas possible encore de préciser. ——
Remarquons toutefois que puisque nous avons une sigle sous les yeux,
il y a bien quelque présomption en faveur de l'opinion qui à priori verrait
dans cette sigle une simple initiale du mot signifiant Roi. S'il en était
ainsi, comme nous avons pour image du son X qniescent dans le nom
d'Ormuzd le signe :

〈cun〉 ou 〈cun〉

qui n'est pour ainsi dire que la sigle royale accompagnée de la sifflante
douce 〈cun〉, Z, On pourrait supposer que la sigle isolée est une S forte à
laquelle l'adjonction du signe 〈cun〉 (ou médique, Za) donne la valeur d'un

Z quiescens. Dès lors la leçon Sar, סר, pour la sigle royale aurait quelque apparence de raison. Mais je me hâte de dire que ce n'est là qu'une pure hypothèse, et nous devons nous estimer fort heureux quand nous pouvons déterminer le sens des sigles, sans avoir la prétention de les prononcer correctement.

Quoiqu'il en soit, pour compléter nos transcriptions nous remplacerons partout la sigle royale par le mot si vulgaire מלך, en avertissant ici une fois pour toutes, que nous ne voulons en aucune façon avancer que ce mot soit celui que les assyriens prononçaient lorsque dans un texte à lire ils rencontraient la sigle royale. Nous avouerons même que nous sommes assez porté à croire qu'il y a plus de probabilités en faveur de la leçon Sar que de la leçon Melekh.

⟨cunéiforme⟩ a Kanaosh — à fuir.

Le deuxième et le troisième signe de ce mot nous sont connus : ce sont un N et un OU. Quant au premier signe il ressemble si bien à l'N que nous retrouvons dans la variante suivante du nom d'Ormuzd

⟨cunéiforme⟩ Nakch-i-Roustam ou C. J. Westergaard

que j'ai longtemps pris sans hésiter le signe ⟨cunéiforme⟩ pour la quatrième lettre du nom d'Ormuzd. Depuis lors, en y regardant de plus près, j'ai reconnu que suivant que les deux clous verticaux juxtaposés étaient placés en avant ou en arrière du clou horizontal, la valeur du caractère changeait complètement. Ainsi partout où nous trouverons le signe ⟨cunéiforme⟩ nous serons forcés de lui donner la valeur du ק hébraïque. Or si nous adoptons ici cette valeur alphabétique, nous trouvons un mot נק que nous pouvons immédiatement comparer au radical hébraïque et chaldéen קנה, qui en outre des sens, acquisivit, emit, a aussi le sens : formavit, d'où il résulte que קנק signifie à la fois acquisitio, emptio, et res creata. Enfin un autre mot probablement identique d'origine avec celui-ci, est le mot קנן qui signifie concinnavit, et formavit. Je n'hésite pas à voir dans le mot assyrien נק le קנ hébraïque. Quant à la diphtongue finale ⟨cunéiforme⟩, nous avons eu déjà à propos du mot ⟨cunéiforme⟩ l'occasion de soupçonner que ce pronom bien être quelquefois le pronom personnel suffixe de la 3e personne du masculin singulier ; il semble que la forme même du verbe ⟨cunéiforme⟩, Kanaon vient à l'appui de cette hypothèse. Rien de plus sémitique en effet que cette tournure de phrase qui rejette le verbe à la fin de la proposition en le munissant

25.

d'un pronom suffixe faisant fonction de régime).

Nous avons, quoiqu'il en puisse être, la phrase suivante :

ש הן דהריאהוש מלך קנו

Phrase qui se traduit :
Qui certes Darius Roi a fait (ou peut-être, a fait lui).

Cette fois encore, sauf la présence de la particule explétive הן, dont le texte Persan n'offre pas de trace, il y a accord parfait dans la construction des phrases Assyrienne et Persane.

———

Nous voici arrivés à un passage dont la traduction est facile à faire, mais dont malheureusement la transcription est à peu près impossible, tant les trois copies que nous possédons sont défectueuses. Nous allons néanmoins nous efforcer d'en tirer tout ce qui présentera quelqu'apparence de réalité.

A. Aiwam paruwnam Khshayathiyam, aiwam paruwnam framataram.
B. [cuneiform]
C. [cuneiform]
D. [cuneiform]
B. [cuneiform]
C. [cuneiform]
D. [cuneiform]

Ainsi que je le disais plus haut, il est facile de trouver le sens de chacun des groupes qui composent cette phrase. En effet, nous avons, quelle que soit la prononciation de ces groupes, la série d'idées suivantes :

[cuneiform] — seul ou premier, [cuneiform] — parmi, [cuneiform], les Rois, [cuneiform] — de, [cuneiform], la multitude, [cuneiform] seul ou premier, [cuneiform] parmi, [cuneiform] ; les Empereurs, [cuneiform] de, [cuneiform], la multitude.

C'est-à-dire le premier de tous les Rois, le premier de tous les Empereurs.

Voyons maintenant s'il est possible de justifier, au moins pour quelques mots, l'adoption de ces différents sens.

[cuneiform] — aiwam — seul ou premier.

La copie de Schulz nous donne les deux formules suivantes de ce mot.

[cuneiform] & [cuneiform]

Celle de Texier :
[cuneiform] & [cuneiform]

26.

La copie de MM. Coste et Flandin oblitérée précisément en ces deux points, ne peut nous être d'aucun secours. Comme les mêmes idées se reproduisent exactement dans l'inscription de droite, et comme il faut chercher des ressources partout où elles se trouvent, pour arriver à la lecture de ce groupe, nous devons transcrire ici les variantes que présente ce second texte, les voici :

Dans la copie de Schulz nous lisons deux fois : [cuneiform]

Et dans la copie de MM. Coste et Flandin, [cuneiform] à la ligne 10, et [cuneiform] à la ligne 12.

Enfin dans la copie de M. Texier, à la ligne 10, [cuneiform], à la ligne 12 [cuneiform].

Il n'y a donc que la forme [cuneiform] qui se reproduise trois fois, en se montrant dans les trois copies ; malheureusement en admettant la correction de ce groupe, nous nous reconnaissons incapable de le lire matériellement.

En hébreu, le premier, le seul se dit אחד, et en chaldéen la forme de ce même mot est חד. Est-ce là le mot que recouvre notre groupe assyrien ? c'est possible, sans doute, mais jusqu'ici cela n'est pas ce ne peut pas être reconnu.

— — □ — de.

Nous avons ici la lettre ⊷ isolée pour constituer un mot puisque cette lettre se trouve au commencement de la ligne 10, devant le sigle signifiant les Rois. Cette lettre ⊷ nous l'avons transcrite M, jusqu'à présent. Or, la proposition hébraïque et chaldaïque מן, s'écrit aussi מ simplement et elle signifie à, en, de. Il paraît bien probable que la particule assyrienne ⊷ joue ici le même rôle que la particule hébraïque מ.

[cuneiform] (' ou □) מלכ — les Rois.

Nous n'avons rien de plus à dire sur cette sigle que nous avons déjà reconnue, et qui se trouve compliquée ici de la terminaison figurative du pluriel.

[cuneiform] — Paruunam — nombreux.

Ce même mot est écrit la seconde fois par Schulz et par Texier :

[cuneiform]

MM. Coste et Flandin l'écrivent :

[cuneiform] & [cuneiform].

Enfin dans l'inscription de droite, ligne 12, la copie de Schulz nous donne la variante : [cuneiform]

Celle de Texier : [cuneiform].

Enfin celle de MM. Coste et Flandin : [cuneiform].

27.

Ce que nous reconnaissons avec certitude, c'est que le mot en question se termine par les deux lettres RT, רת et qu'il commence probablement par la particule 𒀸, מ signifiant : à, en, de, comme plus haut.

Quelle est maintenant la véritable forme du signe suivant ? je l'ignore et je me contenterai de dire que ce signe, s'il est complexe comme cela paraît probable, semble contenir les lettres 𒅇 𒌓 se lisant OUIT. En ce cas le mot entier se lirait donc M'OUITRT, מויתרת ; Il est assez curieux de voir qu'un mot qui comporte nécessairement l'idée de nombreux comme le persan darunuam, auquel il correspond, se rapproche précisément des mots יתר et עתר qui, à point nommé, peuvent comporter l'idée multus, largus fuit, à la forme niphil de עתר, multiplicavit, à la forme hiphil du même radical, d'où est venu עתרה abundantia. probablement cette coïncidence est toute fortuite, je suis du moins assez disposé à le croire.

(1) 𒀸𒅀𒁹𒀭 𒀸𒈹 — Aiwam, le seul, ou le premier
               — les Empereurs (correspondant au
                  framataram Persan)

La copie de MM. Coste et Flandin porte en ce point :

(2) 𒀸𒅀𒁹𒀭 𒀸𒈹

Et celle de M. Texier :

(3) 𒀸𒅀𒁹𒀭 𒀸𒈹

Dans le texte de l'inscription de droite, le même mot se trouve écrit, suivant Schulz, ligne 10 :

(4) 𒀸𒅀𒁹𒀭 𒀸

Suivant MM. Coste et Flandin :

(5) 𒀸𒅀𒁹𒀭 𒀸

Et suivant M. Texier :

(6) 𒀸𒅀𒁹𒀭 𒀸

Il semble probable que dans la variante 1, le clou vertical qui suit le caractère 𒅀 est le signe final de la lettre 𒌓 dont toute le corps a été omis par inadvertance du lapicide; dans la variante 2, le copiste trompé par le voisinage du premier signe qu'il venait de copier, aura introduit un signe imaginaire 𒁹 dans le texte après le signe 𒅀 ; un éclat de la pierre aura de plus été pris à tort par un clou horizontal, puisqu'il ne se trouve exprimé

28.

que dans cette copie déjà reconnue vicieuse.

Quant aux trois variantes tirées de l'inscription de droite, elles sont parfaitement concordantes, sauf pour le 2ᵉ signe de Texier qui n'est pas complet et pour le dernier signe qui est évidemment composé des deux caractères ⟨cuneiform⟩, se lisant MI, מִי. Remarquons en passant que c'est le signe ⟨cuneiform⟩ qui remplace ici le signe figuratif du pluriel ⟨cuneiform⟩, ce que l'on semble endroit d'en conclure que celui-ci était prononçable et se lisait IM ou ES qui d'ailleurs n'a rien que de très plausible puisque cette désinence est éminemment propre à l'idiome hébraïque pour le pluriel construit ⁽¹⁾. Tout ceci posé, nous avons pour image assyrienne de l'idée contenue dans le persan aucun hamatura qui n'est que le nom le moderne اميرة, Firmandar, dans le sens littéral est celui qui donne des ordres, Imperator, Imperour, nous avons donc, le groupe ⟨cuneiform⟩ ou ⟨cuneiform⟩.

Le caractère ⟨cuneiform⟩ qui suit le ⟨cuneiform⟩ M initial est perpétuellement remplacé dans les textes ninivites par le caractère ⟨cuneiform⟩, dont la valeur OU semble donnée par le nom Darius, bien qu'il y ait de fortes raisons de croire que ce signe soit en réalité un aïn.

Le caractère ⟨cuneiform⟩ se voisine du ⟨cuneiform⟩ VA, du nom Darius qu'il est bien tentant de lui donner la valeur voisine Y. (?)

Toutes les autres lettres nous sont déjà connues, nous avons donc un mot

⟨cuneiform⟩ מצרים הצרים. (?)

Ce mot peut-il se rattacher au sémitique עצב, valides, robuste, fuir, d'où עצב, valides, potens, mot identique avec le ⟨arabic⟩ arabe, d'où se forme le qualificatif ⟨arabic⟩ figurativement appliqué aux souverains ? De le croire, en certain du pluriel aegyptien מצרים, il y a bien près pour arriver à l'arabe ⟨cuneiform⟩. (?)

Remarquons en passant que la lettre assyrienne ⟨cuneiform⟩ si voisine du ⟨cuneiform⟩, ⟨cuneiform⟩ du pronom ⟨cuneiform⟩ parait très bien avoir représenté la Y hébraïque et le ⟨arabic⟩ arabe. Nous savons d'ailleurs d'hébreu même le mot צר écrit par un צאר, qui est exactement la même mot que (עצב), écrit par un tsadé, compliqué du ר final. Ces deux mots ne peuvent-ils pas se rattacher à une seule et même origine ? et les deux tradition arabes ? en

⁽¹⁾ D'ailleurs M. Botta dans son catalogue (tirage à part, page 85) signale un exemple du même fait, et il en tire avec raison la même conclusion que nous.

29.

seraient donc dans le même cas ? De laisser à de plus habiles à le décider.
⟨cuneiform⟩ de la multitude Paruwnam.

Nous n'avons plus à revenir... nous avons abandonné
la lecture ⟨...⟩ ⟨Hebrew⟩

Nous arrivons donc en définitive à la transcription suivante, dans
laquelle nous faisons prudemment suivre d'un point d'interrogation tous les
mots douteux, ce qui malheureusement les plus nombreux ; mais nous
espérons qu'on nous tiendra compte de l'incorrection palpable du texte que
nous avons à analyser. Khshayathiya A
⟨Hebrew: חד מלכ מ־רבא מ־מצהימי מ־ריתת⟩
Cette phrase se traduit : ⟨...⟩
Le premier des Rois de la multitude, le premier des puissants de la multitude.
Haj a près de ⟨...⟩
aiwam paruwnam Khshayathiyam, aiwam paruwnam frawataram.

Heureusement les phrases suivantes sont beaucoup plus claires et
plus directement transcrites ⟨...⟩
Nous avons les textes suivants ⟨...⟩
A. Adam Daryawaush Khshayathiyay Wazarkad A
⟨cuneiform line⟩
⟨cuneiform line⟩
D. ⟨cuneiform⟩

Sauf pour le 4ᵉ ou la dern... ligne du mot Darius, il y a concordance
parfaite entre les trois copies ⟨...⟩ signes ⟨...⟩ certainement écrits à tort ⟨...⟩
par MM. Coste et Flandin ⟨...⟩ par Lowrer, doit passager différents
prouvent qu'il faut lire ⟨...⟩ (Coste pose), la phrase en question
se décompose de la manière suivante ⟨...⟩
⟨cuneiform⟩
⟨cuneiform⟩ les deux premières lettres du ⟨...⟩ la troisième de l'initiale
du nom Cyrus ⟨...⟩ des Mourghab ⟨...⟩ Nous avons aimé
le mot חוה qui est certainement que le premier hébraïque אנך, ou
⟨...⟩
⟨cuneiform⟩ ⟨Hebrew⟩ Daryawaush — Darius
⟨cuneiform⟩ ⟨...⟩ Khshayathiyu — Roi
⟨cuneiform⟩ ⟨...⟩ Wazarkan — Grand

30.

La forme הנך que cet adjectif conserve en ce point prouve que le signe final 𒀯 ne peut être pris là pour un pronom affixe de la 3ᵉ personne.

Notre phrase se transcrit donc :

הנך (אנך pour) דהריאהוש מלך רמו

Et se traduit :

Moi (pour je suis), Darius, Roi grand. Elle rim par à par le texte Persan : Adam Daryawaush Khshayathiya Wazarka.

Nous lisons ensuite :

A. Khshayathiya Khshayathiyanam.
B. 𒀭𒀭𒐊
C. ⁓⁓⁓ 𒀭𒐊
D. ⁓⁓⁓⁓⁓

Les deux sigles juxtaposés sont la 1ʳᵉ au singulier et la 2ᵉ au pluriel.

Nous avons donc le membre de phrase :

מלך מלכי (ou מלכים), Roi des Rois.

La phrase qui suit est :

A. Khshayathiya Dahyunam paruzananam.
B. 𒀭 𒀭𒀭𒀭 𒁹 𒀸𒋼 𒈨 𒑱 𒀸𒀸 𒑱
C. ⁓⁓⁓ 𒐊𒀭 ⁓ 𒀸𒋼 𒈨 𒐊 𒑱 𒑱
D. ⁓⁓⁓⁓⁓⁓⁓⁓⁓⁓
B. 𒋼𒁹 𒀸𒋼 𒀸𒀸 𒀭
C. ⁓⁓𒋼𒁹 𒀸𒋼 𒀸𒀸
D. ⁓⁓⁓⁓⁓⁓⁓⁓⁓⁓

Cette phrase se scinde de la manière suivante, après avoir subi quelques légères corrections, sur le compte desquelles il est inutile d'appuyer parce qu'elles ressortent d'elles-mêmes de la comparaison des 3 copies.

𒀭 𒀭𒀭𒀭 𒁹 𒀸𒋼 𒀸𒋼 𒀸𒀸 𒁹 𒋼𒁹𒀸𒋼 𒀸𒀸𒀭

Prenons ces groupes un à un :

𒀭 ⁓ מלך ⁓ Khshayathiya ⁓ Roi
𒀸𒀸 𒐊 ⁓ Dahyunam ⁓ des provinces.

Nous avons ici une sigle munie de la caractéristique ordinaire du pluriel, mais cette sigle est redoublée probablement pour indiquer mieux encore la pluralité. Ce qui prouve qu'elle est redoublée c'est que dans l'inscription de droite à la place correspondante, notre même sigle représentant le mot Dahyaunam est écrit simplement :

[cuneiform signs]

Ajoutons encore que dans l'inscription de Van le titre Roi des Rois est rendu par les mots :

[cuneiform signs]

Ce qui démontre que la réduplication d'un sigle existe au pluriel n'est pas particulière à la sigle désignant les provinces.

Maintenant quelle est la valeur de l'initiale qui forme cette sigle ? Je l'ignore. À l'inclinaison près des clous qui la composent elle est identique avec le [sign], ה ou א. Peut-être encore est-ce un ע.

Nous avons les mots עם ou עמ multitudo, אמה en hébreu et en chaldéen, genus, pluriel אמם en אמות, עי pl. עמים en chaldéen populus, עמה conjunctio, communitas. (mot qui, par parenthèse, est probablement le même que אמה cité plus haut). On peut choisir parmi eux, et pour ma part j'avoue que je penche en faveur de אמה ou עמי.

Nous transcrivons donc notre sigle pluriel par אמם ou אמות en traduisant Dahyaunam par des peuples, plutôt que par des provinces, ce qui d'ailleurs est en quelque sorte légitimé par une expression employée dans un texte cunéiforme persan où la porte principale du palais de Persépolis est dite Visadahyaum, ce qui peut parfaitement signifier porte ou entrée des peuples, et ce qui n'offre plus de sens raisonnable si l'on traduit porte ou entrée des provinces.

[cuneiform signs] — qui.
[cuneiform signs] — ? — avec ou dans.

L'écriture médique nous offre les caractères analogues [signs], F, et [signs], F. Nous avons donc quelque droit de soupçonner que le signe assyrien [sign] comporte un son voisin. Ce qui est certain c'est que ce signe isolé constitue un mot à lui tout seul, car dans les textes trilingues à notre disposition et dans la phrase qui renferme identiquement les mêmes idées, il se présente bien toujours après le pronom relatif [sign], mais devant des mots différents.

Ainsi dans nos deux inscriptions de l'Elvend, il précède les mots divers

32.

[cuneiform] &c.
[cuneiform]   Inscription de Dârius.
[cuneiform]   Inscr. B ou E de Westergaard.
[cuneiform]   Inscr. C de Westergaard.
[cuneiform]   Inscr. de Van.
[cuneiform] &c.   Inscr. D. de Westergaard et de Nakch-i-Roustam.

Il est donc bien clair que les deux signes juxtaposés doivent comporter un sens tel que: qui donne ou qui avec. Or, l'arabe nous offre une expression à peu près identique et qui rend parfaitement l'idée que renferme le composé persan Paruzananam, composé qu'aucune expression sémitique ne saurait rendre en un seul mot; c'est l'expression الذي qui signifie à la lettre, qui donne ou qui avec, pour; renfermant la proposition hébraïque דְ, certes bien voisine quant à la consonnance et identique avec la particule arabe qui signifie à la fois, dans, avec et par, et parfaitement identique aussi avec notre particule assyrienne [cuneiform]. Nous transcrirons donc celle-ci par דְ et nous la traduirons par avec ou dans. Que si on aime mieux se laisser guider par l'analogie de forme avec les signes médiques qui se lisent F et Fi, on n'atteindra pas moins le sens cherché en transcrivant notre expression assyrienne par "D. V" et en rapprochant la particule [cuneiform] de la préposition arabe ڡي.

[cuneiform] ?

La 1re lettre de ce mot a été transcrite jusqu'ici par nous Kh, ח et la 2e R, ר. Le mot חר signifie ingénieux, nobilis au pluriel חרים ou חורים, et la présence de cette idée est fort difficile à expliquer dans la phrase qui nous occupe. Mais si nous remarquons que le ר se prononce d'une manière tout à fait gutturale et que le ר et le כ peuvent peut-être sans inconvénient permuter entre eux comme cela a perpétuellement lieu en Copte, nous retombons sur le mot כֹּל, qu'il est tout naturel de trouver ici. Remarquons d'ailleurs que les variantes enregistrées plus haut constatent que ce mot s'est écrit aussi: [cuneiform] car nous trouvons notre expression sous les formes parallèles:

[cuneiform] &c.   et [cuneiform] &c.
[cuneiform]   et [cuneiform]

Évidemment c'est le même mot qui est écrit.

33.

⟨cuneiform⟩ et ⟨cuneiform⟩

Il se lit donc ⟨hebrew⟩ et ⟨hebrew⟩ pour ⟨hebrew⟩, tous, toute, tous, toutes.

⟨cuneiform⟩

M. Botta dans son catalogue (N. 13) constate que trois fois le groupe ⟨cuneiform⟩ est remplacé par le groupe ⟨cuneiform⟩ dont le dernier signe est le D. initial du nom Darius. Le signe ⟨cuneiform⟩ est donc un D lui-même, et ceci nous pouvions le soupçonner à priori en voyant son étroite analogie de forme avec les signes ⟨cuneiform⟩, ⟨cuneiform⟩, et ⟨cuneiform⟩, qui sont tous des D plus ou moins adoucis par l'adjonction d'une sifflante S ou Z, ou analogues aux lettres sémitiques, ⟨hebrew⟩, ⟨hebrew⟩, ⟨hebrew⟩.

Nous avons eu plus haut l'occasion d'énoncer un soupçon sur la véritable valeur du signe ⟨cuneiform⟩ isolé, signe qui semble devoir se lire OU dans le nom de Darius, et qui cependant se présente plus fréquemment avec la valeur d'un ⟨hebrew⟩, aïn (1). En voici un premier exemple: Si nous lisons ⟨hebrew⟩ notre mot, il est immédiatement comparable au mot ⟨hebrew⟩, numerus, computavit; en arabe ⟨arabic⟩ numero; ce mot est identique avec la forme ⟨hebrew⟩, signifiant restituit, confirmavit, de ⟨hebrew⟩ qui n'est en réalité que ⟨hebrew⟩ par un aleph, lequel signifie: durus, validus fuit, d'où vient ⟨hebrew⟩, robur, vehementia.

Notre mot assyrien ⟨cuneiform⟩ peut donc signifier à la fois nombre et force. Nous verrons en effet plus tard qu'il entre dans la composition de l'expression assyrienne correspondante à l'optatif Persan, Oathuwa, tuere, protege, maintiens, soutiens.

L'ensemble des deux mots ⟨hebrew⟩ ⟨hebrew⟩ signifie donc, tous nombres ou toute force.

⟨cuneiform⟩ — de.
Particule de flexion, indice du génitif.
⟨cuneiform⟩ . . . . . Race, caste.

Nous devons nécessairement trouver dans ce mot assyrien l'équivalent du composant Zana qui entre dans le composé des génitif pluriel, Oaruzanam. En effet, pour qui signifie beaucoup, nombreux, et, peut-être

_____
(1) Cette double valeur du reste, n'a rien de bien étrange puisqu'en arabe par exemple ⟨arabic⟩, scire, fait au pluriel, ⟨arabic⟩, scilium.

tout, se trouvant représenté par les mots :

𒅀 𒃻 𒆗 𒀀𒈾 (cuneiform)

שׁ כֹּל עַד וַ (Hebrew/transliteration)

Signifiant littéralement :

Qui avec tout nombre ou toute force de,

Il faut bien que le reste de la périphrase assyrienne que nous avons hypénée contienne et fournisse l'équivalent du dernier composant Zana, gens, race d'une persan. Voyons si cela a lieu.

D'abord nous devons commencer par faire abstraction des trois derniers signes 𒅀 𒌋𒌋 𒈩 qui constituent certainement une interjection ; en effet, nous retrouverons ce mot, non par une fois mais dix, placé dans des phrases dont le contexte fort explicite prouve qu'il ne peut être qu'une particule interjective, et nous avons d'autant plus de propension à regarder ce fait grammatical comme indubitable que ce mot, qui se lit עַיַנ, n'est pas autre chose que l'interjection arabe عَيْن, oui, certes, qui se jette à tout propos dans la conversation.

Ceci posé, il nous reste pour représenter l'idée, race, nation, un mot qui se lit יהוה ou נאח. Quel peut-être ce mot ? Je l'ignore et je ne puis émettre que de pures hypothèses sur son compte.

Commençons par enregistrer les variantes de ce mot ; dans l'inscription de droite, il ne se trouve pas exprimé et c'est la sigle 𒀭𒆍 (𒀭 ou אָם) qui le remplace. Dans l'inscription B de Westergaard, nous lisons 𒀀𒈾𒍝, יִזנ, NNÂZ, ce qui, par parenthèse, confirme la valeur T, Z donnée au signe 𒀀𒈾 puisque 𒈾 qui se lit Za dans l'écriture médique sert dans l'écriture assyrienne d'initiale au nom de la Drangiane, Zaraka des textes persans et médiques de Nakch-i-Roustam.

Dans l'inscription D de Westergaard, nous trouvons la sigle abréviative 𒀭𒆍 .

Enfin dans l'inscription E de Westergaard, c'est 𒆍 que nous lisons et très certainement le premier signe doit être transformé en 𒀭 comme dans la variante précédente.

En résumé, douze-nous n'avons que les deux formes précises

𒀭𒆍𒍝𒅀
𒀀𒈾𒍝𒅀 dans ces variantes de la sigle
𒀭𒆍𒅀 ou 𒀭𒆍

C'est un mot signifiant race, comme le Zana persan que nous devons trouver. Or, en hébreu et en chaldéen, c'est זן qui a cette signification, et ce mot sans doute ne tire par son origine d'une autre racine que le جنس arabe, qui signifie ce que signifie le जन sanscrit, devenu le Zana Zend et persan, le γένος grec, le genus et le germen latin, le germe français. Devons-nous penser que le mot que nous trouvons écrit זן ou جنس a pu subir une transposition de lettres et devenir נאז ou נאזנ? (comme de פסף est venu forme) ou mieux ce mot doit-il se confondre avec l'arabe أناس pluriel de إنسان, qui signifie homme ce qui n'est probablement par autre chose que le אנוש hébraïque, אנוש chaldéen, au pluriel אנושים ou אושי? De plus habiles que moi trancheront cette question que je dois me borner à poser; tous en avouons que la solution me paraît devoir être affirmative.

Notre phrase se transcrira donc en définitive:

מלך אדם שב כל עד ואן ונץ

Et se traduira mot à mot :

Roi des peuples qui avec tous nombre de races, cette

C'est-à-dire; Roi des nations qui comprennent toutes les races humaines.

Nous l'avons déjà dit, l'esprit des idiomes sémitiques devait nécessiter l'emploi d'une périphrase pour rendre le persan Oarizananam. La présence de cette périphrase est donc toute naturelle.

Passons à la phrase suivante.

A. Khshayathiya ahyahya buniya Wazarkaya.
B. 𒐊 𒐊 𒐊 𒐊 𒐊 𒐊 𒐊 𒐊 𒐊 𒐊 𒐊
C. ~~~~~~~~~~ 𒐊 𒐊 𒐊 ~~~ 𒐊 𒐊
D. ~~~~~~~~~~~~~~~~ 𒐊 ~~ 𒐊 ~~~~~
B. 𒐊 𒐊 𒐊 𒐊
C. ~~~ 𒐊 𒐊 𒐊
D. ~~~~~~~~~~

𒐊 — מלך — Khshayathiya — Roi.
𒐊 — ש — qui
𒐊 𒐊 𒐊 — עדן — Buniya — l'immensité
𒐊 𒐊 𒐊 — הזה — Ahyahya — cette

Nous avons déjà fait remarquer cette forme étrange du pronom démonstratif placé au génitif, nous ne nous arrêterons ici que pour constater qu'en ce point la copie de Schulz contient une erreur corrigée par les copies de MM. Coste et Flandin et de M. Texier. Il ne faut donc pas accepter comme une variante orthographique la forme donnée par Schulz

[cunéiformes] Wazarkaya très grande

Sans l'existence ———— de la copie de M. Texier, il y aurait tout lieu de croire que la copie de Schulz est défectueuse. Car le signe [cunéiforme] qui ne se trouve que là est remplacé dans la copie de MM. Coste et Flandin par les deux signes [cunéiforme] qui se lisent BI, ce qui, dans l'inscription de droite sous remplacé dans le même mot par les lettres [cunéiforme] que les trois copies sont d'accord pour reproduire. Or, le premier de ces signes [cunéiforme] est le caractère final du nom d'Hkystasper, c'est donc un P ou un B. Le second [cunéiforme] nous est donné par la variante suivante du nom achéménide.

[cunéiformes]
(Schulz, inscrip.^{on} de droite de l'Elvend.)

Il est vrai que les copies de MM. Coste et Flandin et de M. Texier remplacent ce caractère par un caractère imaginaire [cunéiforme]. Je maintiens donc pour bonne la leçon de Schulz et je lis I le caractère [cunéiforme]. Nous verrons plus tard que cette leçon se confirme à merveille. Ceci posé revenons à notre groupe correspondant au Wazarkaya persan.

Sept lettres le composent, il n'est donc guère possible qu'il y ait là un seul mot. Remarquons la répétition du caractère final [cunéiforme] qui est un T, servant souvent, comme nous le verrons, de désinence féminine. Nous sommes immédiatement conduits à penser à ces assonnances dans l'esprit des idiomes sémitiques et si aimées dans orientaux. Nous croyons donc tout d'abord à la présence de deux adjectifs assonants, et dont l'ensemble doit représenter pléonastiquement l'idée du persan Wazar Kaya. Voyons si cela se confirme, en scindant notre groupe de sept lettres en deux mots terminés chacun au caractère [cunéiforme].

Le premier de ces mots se transcrirait

RMT, et le second RBIT.
רמת   רבית

Le B du second mot 𒁹 n'est que le B du mot רב que nous verrons tout à l'heure.

Certes il était difficile de trouver deux adjectifs dont l'assonance fût plus sensible que celle des deux mots Ramtā et Rabeit. Voyons ce que peuvent signifier ces deux mots.

Le premier se rattache aux radicaux ראם, רום chaldéen, et רמס, altus, excelsum esse.

Le second n'est évidemment que le mot hébreu et chaldéen רב magnus, amplus, vastus.

L'ensemble de nos deux mots signifie donc très haut et très vaste. De là à l'idée contenue dans le Wazarka du Persan, il y a bien près.

Notre phrase se transcrit donc :

מלך ש יתר הזהז רמת רבית

Et se traduit :

    Roi, de, monde, ce, haut, vaste.

Pour : Roi de ce monde immense.

C'est exactement le sens de la phrase Persanne :

    Khshayathiya Ahyahya Bumiya Wazarkaya.

L'inscription se termine par le membre de phrase suivant :

A.   Buriapiya, Vistaspaha putra, hakhamanichya.
B. 𒀭𒀭𒀭𒀭𒀭𒀭𒀭𒀭𒀭𒀭
C. 𒀭𒀭𒀭𒀭𒀭𒀭𒀭𒀭
D. 𒀭𒀭𒀭𒀭𒀭
B. 𒀭𒀭𒀭𒀭
C. 𒀭𒀭𒀭𒀭
D. 𒀭𒀭𒀭

Ces trois copies se corrigeant l'une par l'autre avec facilité et nous en tirons les mots suivants :

    𒁹𒀭 ⸺ putra ⸺ fils de.

Nous avons déjà vu le signe 𒁹 avec la valeur B dans une variante du mot רביח, grande, vaste. Le signe 𒀭 est, de l'aveu de tout le monde, un N. Nous avons donc le mot בן, qui est évidemment le בן hébraïque en chaldéen, signifiant fils.

[cuneiform] — דזב ou דזזב

Dizuzba, ou Dizaspa, — Vistaspaha, de Hystaspes.

Ce nom a été examiné plus haut, inutile donc d'y revenir ici.
Il en est de même du suivant :

[cuneiform] — הכמאנשה

Hakhamanichya — Achéménide.

Il n'y a pas de trace dans le texte assyrien de l'idée représentée par le persan Duriapiya.

Cette phrase se transcrit donc :

בֶּן דְזֻזְב הכמאנשה

et se traduit :

Fils d'Hystaspes, achéménide ou de la race d'Achéménès.

Récapitulons maintenant tous ce que nous venons de déduire de l'analyse et voyons quel est le sens précis du texte assyrien de l'inscription de gauche du Mont Elvend, le voici :

C'est un Dieu très grand qu'Ormuzd, qui a créé ce monde immense, qui a créé cette terre, qui a créé les mortels, qui a fixé la durée de la vie des mortels, ou qui a fixé les délices de la vie des mortels, qui a fait Darius Roi, le premier des Rois de la multitude, le premier des Empereurs de la multitude ;

Je suis Darius, Roi très grand, Roi des Rois, Roi des peuples qui comprennent toutes les races, certes, Roi de ce monde immense, fils d'Hystaspes, de la race d'Achéménès.

Je ne crains pas de l'affirmer, un accord pareil ne peut être l'effet du hazard, et il y a plus que des probabilités en faveur d'une version qui fournit ainsi à point nommé le sens précis qu'il fallait trouver.

Voyons maintenant ce que nous donne l'inscription de droite recueillie également par Schulz et par MM. Coste et Flandin. Cette fois nous allons rencontrer des mots presque toujours connus d'avance et notre analyse n'aura plus à porter que sur un très petit nombre d'expressions nouvelles.

39.

Je vais encore reprendre successivement les phrases de ce texte nouveau. Je donnerai le texte de Schulz, et je me contenterai de placer au dessous des signes de forme incertaine, les variantes extraites de la copie de MM. Coste et Flandin, et la transcription pure et simple avec la traduction, quand tous les autres seront connus.

1ʳᵉ Ligne.
- Schulz: [cuneiform]
- Coste et Flandin: [cuneiform]
- Texier: [cuneiform]
- Transcription: ....(לה)א ————— רפ׳ .... אהורהזדה
- Traduction: ..Dieu.. ... Grand .... Ormuzd
- Texte Persan: Bagas Wazarka .... Auramazdah.

2ᵉ Ligne.
- Sch.: [cuneiform]
- C. et F.: [cuneiform]
- Tex.: [cuneiform]
- Trans.: מזיר ....ש׳ ....(אורם)א ...
- Trad.: le plus grand de .... les Dieux ... ..
- T. Persan: .... (hu maçu) ....

Arrêtons-nous un instant à cette phrase. Il n'y a pas un mot dans le texte persan qui corresponde à ceux que nous trouvons ici; heureusement d'autres textes nous fournissent la contrepartie de cette phrase assyrienne. Ainsi nous lisons dans l'inscription de Van (ligne 2), [cuneiform] en ce texte est identique avec celui de l'inscription de l'Elvend. Or, le texte persan de Roy porte le membre de phrase hya mathista Baganam, qui est le plus grand des Dieux. Ce seul texte nous suffira, et nous nous dispenserons de citer les autres textes identiques que nous passerons plus tard en revue. Venons à notre phrase assyrienne, elle se divise en trois mots.

[cuneiform] — מזיר — Mathista qui grand.

Cette forme doit être un superlatif à en juger par l'équivalence du mot avec le superlatif persan, Mathista, père du Meyonos, grec. elle ne diffère que par l'introduction de la voyelle à après la première articulation radicale, du mot [cuneiform] ou [cuneiform] guidad, mot qui nous est déjà bien connu.

Quant aux deux dernières [cuneiform], (ה׳ה)א   ש, notre

n'avons rien à en dire de nouveau.

Terminons en disant que la phrase assyrienne, à cela près qu'elle ne commence pas par le pronom relatif, est identique de composition avec la phrase persanne correspondante. Hya Mathista Bagânam. Serait-il permis de retrouver le hya persan dans le ▽ qui précède la sigle divine au pluriel, au lieu d'y voir une particule de flexion ? Je l'ignore, mais je dois dire que la construction d'une pareille phrase s'éloignerait beaucoup de l'esprit de la phraséologie sémitique.

3ᵉ ligne.
- Sch:
- C. et T.:
- Tex:
- Trans: ש יתר הזה
- Trad: qui Immensité Cette
- Persan: hya Bunim Imam.

4ᵉ ligne.
- Sch:
- C. et T.:
- Tex:
- Trans: אתן ש אי
- Trad: a fait qui terre
- Persan: ada hya asmanam ?

5ᵉ ligne.
- Sch:
- C. et T.:
- Tex:
- Trans: הזה אתן
- Trad: Cette a fait
- Persan: awam ada

6ᵉ ligne.
- Sch:
- C. et T.:
- Tex:
- Trans: ש ה?צת הזה
- Trad: qui le mortel ce
- Persan: hya Martiyam

Je renonce prudemment à lire le second mot de cette ligne à cause de la présence de la lettre 𒀹 ou 𒀹 dont j'ignore la valeur. Ce mot doit signifier ce que signifie le persan Martiya; voilà tout ce que je me permettrai d'en dire.

7ᵉ Ligne:

Sch:	𒀹𒀹𒀹	𒀹	𒀹𒀹	𒀹𒀹	
C. et T:	~~~	~~~	𒀹	~~~	
Tex:	~~~	𒀹𒀹	~~~	𒀹	~~
Trans:	אדן	ש	חח ou תק	הן	
Trad:	à fait	qui	la vie	voilà, certes	
Persan:	ada	hya	Shiyatim		

Le 3ᵉ mot de cette phrase se retrouve dans l'inscription H de Westergaard, (fin de la ligne 2) suivi à la ligne suivante de l'interjection 𒀹𒀹𒀹 qui remplace l'interjection 𒀹𒀹. Maintenant que signifie ce mot חח ou חק probablement la vie, comme le shiyatim persan. A-t-il existé dans la langue assyrienne un dérivé חיה, signifiant vita formé du radical חי vivre ? Il serait si commode de l'admettre, afin d'obtenir le sens cherché, que je ne me permettrai pas de le faire, car ce serait là une de ces bonnes rencontres dont il faut prudemment se garer.

8ᵉ Ligne:

Sch:	𒀹 𒀹 𒀹𒀹𒀹	𒀹𒀹	𒀹𒀹𒀹		
C. et T:	~~~	𒀹𒀹	~~	𒀹𒀹	~~
Tex:	~~~~~~~~~~~~~~~~~~~~~~				
Trans:	הרתם		אדן		
Trad:	du mortel		à faire		
Persan:	Martiyahya		ada		

9ᵉ Ligne:

Sch:	𒀹	𒀹𒀹	𒀹𒀹𒀹𒀹𒀹	
C. et T:	~~	~~	𒀹𒀹𒀹	𒀹
Tex:	~~~~~~~~~~~~~~~~~	𒀹𒀹		
Trans:	ש	הן	חשהאירשה	
Trad:	qui	voilà, certes	Xerxès	
Persan:	hya	"	Khshaharsham	

Le nom du Roi Xerxès se présente dans les textes que les variantes suivantes qui se réduisent en réalité à une seule, en outre de celle que nous venons de donner.

42.

𒀹𒀸𒀭 𒁁 𒐏𒐏 (ou 𒐏𒐏) 𒁁   E. G. u. D. de Westergaard.
              D. de Westergaard.

10ᵉ Ligne
- Sch: [cuneiform]
- C. et F: [cuneiform]
- Tex: [cuneiform]
- Trans: בלב (מםום) חד ? כנו מלך
- Trad: Roi   à faire premier des Rois   (la personne donne ici le mot qui se rencontre plus exactement avec les noms/lignes)
- Persan: Khshayathiyam aguriaush aivam

Il faut remarquer ici que Schulz a interverti l'ordre des lignes 10 et 11 et que cet ordre que le sens appelait forcément, se trouve rétabli dans les copies de MM. Coste et Flandin et de M. Texier.

11ᵉ Ligne
- Sch: [cuneiform]
- C. et F: [cuneiform]
- Tex: [cuneiform]
- Trans: מצהימו   ־ ס   נדות
- Trad: nombreux   des   Empereurs
- Persan: Paruwnam Khshayathigam   (in Persan: Paruwnam fraoaturam)

Voyons d'abord ce que peut être le 1ᵉʳ mot. La 2ᵉ lettre est un D, car M. Botta dans son catalogue (n° 68) constate la fréquente permutation de ce signe avec le signe [cuneiform] qui est sûrement un D. Quant au caractère final [cuneiform] il est hors de doute que c'est un T équivalent du signe [cuneiform]. Nous avons donc le mot נדדה dont la terminaison ה que nous rencontrons à chaque pas dans les textes, est probablement une désinence féminine. Ceci posé, il nous reste un radical נד à comparer aux idiomes sémitiques. Or, en hébreu נדד ou בדר signifie extendit, d'où נד mensura et נדה extensio, magnitudo, amplitudo; (פדה א׳ש signifie vir procerus) en arabe ندا a la même signification d'étendre. נדדה peut donc fort bien signifier, étendue, nombreux, si c'est une terminaison du pluriel, ou de l'étendue pour de l'univers, si c'est une terminaison d'un féminin singulier.

12ᵉ Ligne
- Sch: [cuneiform]
- C. et F: [cuneiform]
- Tex: [cuneiform]
- Trans: ביותה ?   חד   אנך
- Trad: de l'univers   le premier   moi
- Persan: (Voir la ligne précédente)   adam.

43.

13ᵉ ligne.
- Sch: [cuneiform]
- C. et T.: [cuneiform]
- Tex: [cuneiform]
- Trans: חשׁהשׁ.רשׁה
- Trad: Xerxès
- Persan: Khshahucharshah

14ᵉ ligne.
- Sch: [cuneiform]
- C. et T.: [cuneiform]
- Tex: [cuneiform]
- Trans: מלך רבו מלך (אם) מלך
- Trad: Roi   Grand Roi   des Rois
- Persan: Khshayathiya Wazarka Khshayathiya Khshayathiyanum

15ᵉ ligne.
- Sch: [cuneiform]
- C. et T.: [cuneiform]
- Tex: [cuneiform]
- Trans: מלך (אמים) מלך שׁ ב כל
- Trad: Roi des nations Roi qui avec toutes
- Persan: Khshayathiya Dahyaunum   Parouzananum

16ᵉ ligne.
- Sch: [cuneiform]
- C. et T.: [cuneiform]
- Tex: [cuneiform]
- Trans: (אם)א מלך שׁ יתו
- Trad: les nations Roi de l'univers
- Persan: " Khshayathiya   buniya

17ᵉ ligne.
- Sch: [cuneiform]
- C. et T.: [cuneiform]
- Tex: [cuneiform]
- Trans: הזה - רבה
- Trad: ce   grand
- Persan: Ahyahya   Wazarkaya.

Il paraît évident que le pronom démonstratif qui, commence la 17ᵉ ligne, a été mal copié par Schulz, aussi bien que par MM. Coste et Flandin. M. Texier a mieux vu, et il donne la forme à peu près correcte [cuneiform], dans laquelle néanmoins il manque un [cuneiform] entre le second et le troisième signes.

	Sch.	[cuneiform]
	Cun.	[cuneiform]
18ᵉ ligne	Tex.	[cuneiform]
	Trans.	בן הבית שׁ
	Trad.	vaste fils de
	Persan.	putra

	Sch.	[cuneiform]
	Cun.	[cuneiform]
19ᵉ ligne	Tex.	[cuneiform]
	Trans.	דהריאַוֻשׁ מלך
	Trad.	Darius Roi
	Persan.	Daryawushi Khshayathiyahya

	Sch.	[cuneiform]
	Cun.	[cuneiform]
20ᵉ ligne	Tex.	[cuneiform]
	Trans.	הכמנשי
	Trad.	Achéménide
	Persan.	Hakhamanishya

Ou nous nous faisons une étrange illusion, ou de l'analyse qui précède, il résulte évidemment que l'écriture assyrienne recouvre un idiome sémitique, ainsi que nous avons été déjà conduits à le soupçonner en essayant de déchiffrer un fragment de l'inscription de Bisoutoun, communiqué par M. Rawlinson à M. Botta, et que M. Botta avait eu l'obligeance de nous remettre à nous-même. Ce sont bien des mots et des formes sémitiques que nous retrouvons constamment, mais la phraséologie s'emporte des inversions pour ainsi dire habituelles, et de plus l'écriture procède de gauche à droite.

Il nous reste à voir si la clé que nous croyons avoir trouvée s'applique aux autres textes trilingues à notre disposition, ce que nous allons faire immédiatement.

14 Septembre 1849.   F. de Saulcy

www.ingramcontent.com/pod-product-compliance
Lightning Source LLC
Chambersburg PA
CBHW060507050426
42451CB00009B/855